MÉDÉE

A

COLCHOS,

OU

LA TOISON D'OR,

TRAGÉDIE - LYRIQUE.

MÉDÉE A COLCHOS,

OU

LA TOISON D'OR,

TRAGÉDIE-LYRIQUE

EN TROIS ACTES,

Représentée, pour la premiere fois, sur le Théatre

DE L'ACADÉMIE-ROYALE

DE MUSIQUE,

Le Mardi 27 Septembre 1786.

Sit Medea ferox invicta que ; flebilis Ino.

Hor. Art. Pœ.

PRIX XXX SOLS.

A PARIS,

De l'Imprimerie de P. DE LORMEL, Imprimeur de ladite Académie,
rue du Foin Saint-Jacques, à l'Image de Sainte Génevieve.

On trouvera des Exemplaires à la Salle de l'Opéra.

M. DCC. LXXXVI.

AVEC APPROBATION, ET PRIVILEGE DU ROI.

Les Paroles font de M. DESRIAUX.

La Mufique de M. VOGEL.

ACTEURS ET ACTRICES
CHANTANS DANS LES CHŒURS.

Côté du Roi.		Côté de la Reine.	
Mesdemoiselles.	*Messieurs.*	*Mesdemoiselles.*	*Messieurs.*
Courneuve.	Péré.	Thaunat.	Larlat.
Manthe.	Martin.	Emil. Gavaudan.	Rey.
Dubuisson.	Legrand.	St. Amant.	Cauchois.
Garrus.	Poussez.	D'Hautrive.	Huby.
Rouxelin.	Touvoys.	Davide.	Peausellier.
Sanctus.	Duplessier.	Tauner.	Tacusset.
Leclerc.	Chapelot.	Breffort.	Delori.
Delaigle.	Delboy.	Macker.	Fagnan.
Gouémelle.	Cavallier.	Beaumont.	Bouvard.
Amiot.	Jouve.	Frennevile.	Joinville.
Marinville.	Moulin.	Clozet.	Le Roux, l.
Ballassé.	Duchamp.	Méziere, c.	Guitard.
	Débeirk.		Rouen.
			Fleurville.
			Chévrier.

ACTEURS.

MÉDÉE,   Mlle Maillard.
CALCIOPE, *sœur de Médée*,   Mlle Audinot.
HIPSIPHILE, *Reine de Lemnos*.   Mme Chéron.
JASON, *Chef des Argonautes*,   M. Laïs.
ARCAS,   M. Martin.
UN GUERRIER,   M. Le Roux, c.
LA GRANDE SIBILE,   Mlle Joinville.
1re SIBILE,   ⎰ Mlles Buret.
2me SIBILE,   ⎱   St - James.
SUIVANTES D'HISIPHILE.
ARGONAUTES.
PEUPLES DE COLCHOS.
GÉANTS.
MATELOTS.

La Scène est à Colchos.

PERSONNAGES DANSANTS.

ACTE PREMIER.

GUERRIERS.

M. GARDEL.

Mrs Simonet, Milon, le Bel, Poinon, Dupin, Coindé, Deschamps, Lhuillier.

SUITE DE MÉDÉE.

Mlle ROZE.

Mlles Bigotini, Courtois, Puisieux, Simon, Barré, Camille, Hortense, Droma.

PEUPLES.

Mme PÉRIGNON.

Mlle MILLER.

Mlles La Coste, Denise, Jacotot, Beaujon, Dorival, Bourgouin, Chenneval, Trillare.

ACTE TROISIEME.

PEUPLES.

M. NIVELON.

M. GOYON.

Mlle. GUIMARD.

Mlle LANGLOIS.

Mrs Clerget, Delahaye, Guillet, c. Blanche, Bozon, Béguin, Auguſte, Gambu.

Les Mêmes du premier Acte.

LA

MÉDÉE A COLCHOS,

OU

LA TOISON D'OR,

TRAGÉDIE-LYRIQUE.

ACTE PREMIER.

(Le Théâtre repréſente une Plaine , & dans l'éloignement, la ville de Colchos.)

SCENE PREMIERE.

HIPSIPHILE, ARCAS.

HIPSIPHILE,

OU ſommes-nous ? quelle eſt cette ſuperbe Ville
Où tu guides les pas de la triſte Hipſiphile ?

A

A R C A S.

Ces Murs que vous voyez font les Murs de Colchos ;
Et là, près du rivage où fe brifent les flots ,
Eft un Bois dont l'afpect jette au loin l'épouvante.
Il eft , dit-on , gardé par d'horribles Taureaux ;
      Et la Toifon brillante
Eft fufpendue à fes rameaux.

H I P S I P H I L E.

O Jafon, cher époux ! ô finiftre préfage !

A R C A S.

Ne défefpérons point de fon noble courage.

H I P S I P H I L E.

Ciel ! comment fubjuguer ces Taureaux furieux
      Dont l'haleine brûlante
S'exhale dans les airs en tourbillons de feux ?
Par quel art enchaîner la fureur vigilante
      De ce Dragon impétueux
Dont jamais le fommeil n'ofa fermer les yeux ,
Et qui fait dans les bois une garde éternelle ?
Vaincra-t-il ces Guerriers qu'une terre cruelle
      Vomira de fes flancs ?

A R C A S.

Ecartez loin de vous les noirs preffentimens.

HIPSIPHILE.

Non, non, pour foulager ma triftefse mortelle,
Je n'ai plus que l'efpoir de le trouver fidèle,
De le voir empreffé d'accourir dans mes bras.
Mais cet efpoir encor ne me trompe-t-il pas ?

A I R.

Hélas ! à peine un rayon d'efpérance
Commence à luire au fond de notre cœur,
Que du Deftin la fatale inconftance
Revient troubler notre bonheur.

Nous fommes fur des mers en orages fécondes,
Frêles vaiffeaux fans voile & fans nochers,
Toujours, toujours livrés à la fureur des ondes,
Et battus par les vents de rochers en rochers.
Hélas ! à peine, &c.

(Elle fort.)

SCENE II.

MÉDÉE, Chœur *de Guerriers & de jeunes Filles.*
CHŒUR dans le lointain.

Des fiers Taureaux de la Colchide,
Jason revient victorieux.

MÉDÉE entrant sur la scène à la tête du Chœur.
Célébrez ce Chef intrépide,
Chantez ses combats glorieux.

LE *CHŒUR, dansant.*
Des fiers Taureaux de la Colchide,
Jason revient victorieux.

Deux Filles DU *CHŒUR, à* MÉDÉE.
Tout cede au pouvoir de ses armes.
Voici le moment plein de charmes
Qui va combler vos vœux.

LE *CHŒUR.*
Des fiers Taureaux de la Colchide,
Jason revient victorieux.
Célébrons ce Chef intrépide,
Chantons ses combats glorieux.

(*on danse.*)

Deux Filles DU CHŒUR, *à* MÉDÉE.

Dans ces combats, c'étoit vous, grande Reine,
Qui défendiez fes jours par vos enchantemens.
    Que des nœuds les plus charmans
      L'Hymen vous enchaîne.

C H Œ U R.

    Que des nœuds les plus charmans
      L'Hymen vous enchaîne.

                (*on danfe.*)

SCENE III.

UN GUERRIER, les ACTEURS précédens.

LE *GUERRIER,* à MÉDÉE.

UNE Étrangere en pleurs vient de s'offrir à nous,
Et demande à venir embraffer vos genoux.

M É D É E.

Si c'eft moi qu'elle implore, elle n'a qu'à paroître.
            (*Le Guerrier fort.*)
Ne fermons point l'oreille aux cris des malheureux.
    Le jour fatal viendra peut-être
    Qui nous verra gémir comme eux.

SCENE IV.

HIPSIPHILE , les ACTEURS précédens.

HIPSIPHILE, à MÉDÉE.

Hélas ! puis - je espérer que sensible à mes
larmes ?...

MÉDÉE.

Dissipez votre crainte , & soyez sans alarmes.
Qui vous amene en ces climats ?

HIPSIPHILE.

Un amour malheureux m'y fait suivre les pas
De ce jeune Guerrier chéri de la victoire ,
Dont vos chants célébroient le triomphe & la gloire.

MÉDÉE.

De Jason !

HIPSIPHILE.

Oui. L'Hymen m'asservit à sa loi.
Dans Lemnos où je regne il a reçu ma foi.

MÉDÉE.

Quelle crainte à mon tour m'agite & me dévore ?
Jason est votre époux... & c'est moi qu'il adore !

HIPSIPHILE.

Justes Dieux !

TRAGÉDIE-LYRIQUE.

MÉDÉE.

Le perfide alloit s'unir à moi.

D U O.

Quelle trahifon ! quel outrage !
Quel prix cruel de mon amour !

HIPSIPHILE (*à part.*)

Ah ! falloit-il, pour ce volage ,
Chercher fi long-tems le rivage
D'un fi fatal féjour !

ENSEMBLE.

Quelle trahifon ! quel outrage !
Quel prix cruel de mon amour !

MÉDÉE à Hipfiphile.

Fuyez , évitez ma colere,
Evitez le trépas.

LE CHŒUR.

Fuyez, évitez fa colere,
Evitez le trépas.

MÉDÉE.

Hé, qui vous rend fi téméraire,
De paroître dans mes Etats ?

CHŒUR.

Fuyez , évitez fa colere,
Evitez le trépas.

HIPSIPHILE.

(*à part.*)   A I R.

Grands Dieux! pour une infortunée
Peut-on avoir tant de rigueurs !
(*à MÉDÉE.*)
Dans l'éclat , & dans les grandeurs,
Comme vous je fuis née.
(*à part.*)
Grands Dieux! pour une infortunée
Peut-on avoir tant de rigueurs !
(*à MÉDÉE.*)
Et votre cœur eft infenfible
A mon défefpoir , à mes pleurs ?...
Mais comment fera-t-il poffible,
Si vous éprouvez des malheurs,
Mais comment fera-t-il poffible
Qu'on ait pitié de vos douleurs ?

SCENE V.

MÉDÉE, *Suite de* MÉDÉE.

MÉDÉE.

Quoi, Jafon a formé les nœuds de l'Hymenée,
Et voudroit à la fienne unir ma deftinée?

O d'un amant perfide artifice odieux
Qui me fait outrager la nature & les Dieux !
Car enfin quel fera le fort de ma patrie,
Si des bois de Colchos la Toifon eft ravie?
Mon père, après de longs combats,
Perd le trône & la vie.
L'Oracle a prononcé l'arrêt de fon trépas.
Et moi n'écoutant rien qu'une aveugle tendreffe,
Je faifois triompher, par mes enchantemens,
Ce Barbare qui veut furprendre ma foibleffe,
Et fe jouer de mes fermens.

A I R.

Allons, je m'abandonne aux tranfports de ma rage ;
Mais, hélas ! mon efprit toujours flotte incertain.
Dans un cœur que l'amour outrage,
L'amour fe combat-t-il en vain ?

Cruel Amour , tyran perfide,
Dois-je expirer dans tes liens !
Tous les poifons de la Colchide
Sont moins funeftes que les tiens.

B

SCENE VI.

JASON, LES ARGONAUTES *arrivant sur une Marche guerriere ;* MÉDÉE, *Suite de Médée.*

JASON, *à Médée.*

Nous triomphons, Princesse, & mon cœur...

MÉDÉE, *à part.*

Le parjure !

(*à Jason.*)
Ote-toi de mes yeux, fuis, porte ailleurs tes pas.

JASON.

Qu'entends-je ? ô ciel ! & quelle injure !...

MÉDÉE.

Vas de ton Hipsiphile adorer les appas,
Vas essuyer ses larmes.

JASON.

Ah, depuis que mes yeux ont vu briller vos charmes...

MÉDÉE.

Non, non. Vas lui porter tes funestes amours.
Infidèle une fois, tu le seras toujours.

JASON.

Air.

Eſt-ce à vous de voir un crime
Dans mon infidélité ?
Êtes-vous une victime
Immolée à ſa beauté ?
Sur le cœur que je vous donne,
C'eſt vous ſeule qui régnez.
C'eſt elle que j'abandonne,
Et c'eſt vous qui vous plaignez.

MÉDÉE.

Pourquoi m'as-tu caché cet Hymen que j'abhorre ?

JASON.

Je vous ai fait ſerment, & je vous jure encore...

MÉDÉE.

Hé, perfide, autrefois ne lui jurois-tu pas
Que vos amours devoient durer juſqu'au trépas ?
Ainſi tu l'as trompée ; & tu voudrois de même
Abuſer dans ce jour une amante qui t'aime,
Couronner de lauriers ton front audacieux,
Et me laiſſer enſuite à mon ſort malheureux ;
Mais ſi des fiers Taureaux la furie indomptable
    A ſubi le joug formidable
Que mes enchantemens ont impoſé ſur eux,

Si je t'ai fait franchir la premiere barriere,
Vas, tu n'es pas encor au bout de la carriere.
Quoi, ne preſſens-tu pas le deſtin qui t'attend ?
    Des dents d'un horrible ſerpent,
La terre à peine aura dévoré les ſemences,
Qu'on la verra ſoudain ſe hériſſer de lances,
Et vomir à tes yeux, par un nouvel effort,
Des bataillons armés pour te donner la mort.
Appelle à ton ſecours l'adreſſe & le courage,
Moi-même contre toi j'exciterai leur rage.
O quel plaiſir alors, quel triomphe éclatant,
De voir leurs bras cruels ſe rougir de ton ſang
Et dans le bois ſacré ſuſpendre ton armure ;
    Des crimes d'un amant parjure,
      Eternel monument !

(Elle ſort.)

SCENE VII.

JASON, LES ARGONAUTES.

CHŒUR.

Quelle férocité, quel excès d'arrogance !
Dédaignons ſes fureurs, & bravons ſa puiſſance.

JASON.

Mais comment diſſiper ſes noirs enchantemens ?
Tout l'enfer eſt ſoumis à ſes commandemens.

A I R.

O gloire, à tes lauriers quel mortel peut prétendre !
Pour atteindre à ton Temple, il faut tout affronter.
   Qu'il eſt pénible d'y monter,
   Mais qu'il eſt aiſé d'en deſcendre !

C H Œ U R.

O gloire, à tes lauriers quel mortel peut prétendre !

JASON.

Son front brille au-deſſus des céleſtes lambris.
Dans ce temple qui s'ouvre à mes regards ſurpris,
Je la vois préparer l'immortelle couronne
   Deſtinée à ſes favoris.
   Quel profond abîme environne
Le roc inacceſſible où ſon trône eſt aſſis !

        (*Avec le Chœur.*)

O gloire, à tes lauriers quel mortel peut prétendre !
Pour atteindre à ton temple, il faut tout affronter.
   Qu'il eſt pénible d'y monter,
   Mais qu'il eſt aiſé d'en deſcendre !

Fin du premier Acte.

ACTE SECOND.

SCENE PREMIERE.

Le Théâtre repréfente une maffe de rochers à travers lefquels on découvre le rivage de la mer.

JASON, LES ARGONAUTES, *arrivent du côté oppofé à celui par où entre* HIPSIPHILE.

J A S O N.

Que vois-je ! quel objet vers nous porte fes pas ?

HIPSIPHILE *accourant dans les bras de Jafon.*

Regarde-moi ; c'eft Hipfiphile.
Cruel, ne la connois-tu pas ?

J A S O N.

Dieux ! & qui vous amène en ce funefte afyle ?
Quoi, vous n'avez pas craint de traverfer les flots,

Et vous avez laissé votre pere à Lemnos ?

HIPSIPHILE.

Plus de pere, plus de patrie.
Je viens rendre à tes pieds ma déplorable vie.

JASON.

Et pourquoi renoncer à la clarté du jour ?

HIPSIPHILE.

Hipsiphile n'est plus l'objet de ton amour.

JASON.

AIR.

Vous avez fait naître ma flâme,
Vous aurez mes derniers soupirs,
Et je ne puis ouvrir mon ame
    A de nouveaux desirs.

Mais avant que l'amour s'apprête
A verser sur nous ses douceurs,
Laissez-moi couronner ma tête
    Du laurier des vainqueurs.

Vous avez fait naître, &c.

HIPSIPHILE.

Quels sont donc les discours que tient cette Barbare,
Et quel est cet himen que déja l'on prépare ?

JASON.

Pour garantir les Grecs de son fatal courroux,
Il est vrai que j'ai feint de m'enflammer pour elle,
En ne soupirant que pour vous.
Hé, qui ne connoît pas cette Reine cruelle
Qui, confondant d'un mot les élémens divers,
Fait obéir la foudre, & commande aux enfers?
Mon sort est dans ses mains.

HIPSIPHILE.

Dieux! que viens-je d'entendre?
Ainsi de ses fureurs ton destin va dépendre?

JASON.

Ce n'est pas que la mort m'inspire de l'effroi;
Mais ayant rassemblé ces Guerriers sous ma loi,
Faut-il qu'à nos plaisirs sacrifiant ma gloire,
Je renonce aux lauriers que m'offre la victoire?

HIPSIPHILE.

AIR.

Viens donc finir des jours perdus dans la douleur,
Viens me délivrer de l'horreur
De répandre mon sang moi-même,
Et prends pitié d'un cœur
Trop malheureux parce qu'il t'aime.

Viens, ce n'est plus ton amour, ni ta foi,
C'est le trépas que ton épouse implore,
Et qu'elle attend de toi.
Viens donc, viens, s'il est vrai que tu m'aimes encore,
Cruel, viens me donner le trépas que j'implore.

JASON.

Ciel! qui ne seroit pas touché de ses malheurs,
Et quel œil sans pitié verroit couler ses pleurs?

LE CHŒUR.

N'abandonnons point notre Reine,
De sa douleur prête à périr.
Non, il n'est point d'ame inhumaine
Que son sort ne doive attendrir.

JASON, *à Hipsiphile.*

Hé bien, dans mon vaisseau venez prendre un asyle,
Et jouissez enfin d'un destin plus tranquille.

HIPSIPHILE.

Mais, au nom de l'Amour, ne me trompes-tu pas?

JASON.

Suivez-nous, & marchez sans crainte sur nos pas.

LE CHŒUR.

N'abandonnons point notre Reine,
De sa douleur prête à périr.

HIPSIPHILE.

Non, il n'eſt point d'ame inhumaine
Que mon ſort ne doive attendrir.

LE *CHŒUR, JASON, HIPSIPHILE.*

(Jaſon, le Chœur.)

N'abandonnons point notre Reine.

(Hipſiphile.)

N'abandonnez point votre Reine,
De ſa douleur prête à périr.

Non, il n'eſt poin d'ame inhumaine

(Jaſon, le Chœur, Hipſiphile.)

Que ſon ſort  ne doive attendrir.
Que mon ſort

SCENE II.

MÉDÉE, CALCIOPE.

CALCIOPE.

MA sœur, qui vous amène en ce lieu solitaire,
Et pourquoi fuyez-vous le palais de mon père ?

MÉDÉE.

Et vous, qui vous oblige à à suivre ici mes pas?

CALCIOPE.

Le Roi que les destins menacent du trépas.
Il a vu des taureaux expirer dans la plaine
Par le pouvoir fatal de vos enchantemens.
Tout le peuple en frémit, toute la ville est pleine
De trouble & de gémissemens.

MÉDÉE.

Mon père doit compter sur mon obéissance,

Et je hais trop Jason pour prendre sa défense.

CALCIOPE.

Aussi perfide amant qu'il est perfide époux,
     A le quitter tout vous engage ;
Mais n'est-ce pas encor un sentiment jaloux
     Qui vous retient sur ce rivage ?

MÉDÉE.

Laissez-moi... juste ciel !

CALCIOPE.

                    A ces cruels soupirs,
Qui pourroit ignorer quels sont vos déplaisirs ?
O ma sœur, je vous vois prête à verser des larmes !

MÉDÉE.

Partez : allez du Roi dissiper les alarmes.

CALCIOPE.

AIR

Ah, bannissez un funeste desir ;
Ah, de l'amour fuyez les chaînes.

Il ne promet que du plaifir ;
Mais il ne donne que des peines.
    De fes perfides armes,
Qui pourroit guérir nos douleurs ?
Le cruel trouve encore des charmes
    A voir couler nos pleurs.
Ah, banniffez, &c.

SCENE II.
MÉDÉE *feule.*

C'EN eft donc fait ! l'ingrat fuit avec fon époufe.
Croit-il pouvoir m'ôter fon cœur impunément,
    Exciter ma fureur jaloufe,
Et triompher de mon reffentiment ?
        (*Invocation magique*).
O Nuit, dans ces déferts, fous tes antiques voiles,
    Ramène avec toi la terreur.
    Eteints le feu de tes étoiles,
    Ne laiffes régner que l'horreur.
Appellons les enfers & la nuit fur la terre.
Puiffes-tu voir, Jafon, tes funeftes vaiffeaux
    S'embrâfer des feux du tonnerre,
    Et difparoître fous les eaux !
O Nuit, &c.

Les élémens troublés à ma voix obéiffent.

  L'air s'obfcurcit, les flots mugiffent,

Et la foudre déja fait retentir fes coups.

Il verra, le cruel, ce que peut mon courroux.

A I R.

Mais, hélas! qui pourroit m'apprendre

Quels font les fecrets de fon cœur?

En vain ma voix fe fait entendre

Aux Dieux témoins de ma douleur.

Rien, hélas! rien ne peut m'apprendre

Quels font les fecrets de fon cœur.

L'énfer, fombre afile du crime,

Dans fes gouffres me laiffe entrer.

Notre ame feule eft un abîme

Où l'on ne fauroit pénétrer.

Les voilà. Cachons-nous dans cet antre fauvage.

(Elle fe retire derriere les rochers. L'éclair brille
& le tonnerre gronde dans l'éloignement.)

SCENE III.

JASON, HIPSIPHILE, LES ARGONAUTES,
Chœur de Matelots *sur les Vaisseaux de
Jason.*

HIPSIPHILE *à Jason.*

Vois-tu blanchir les flots soulevés par l'orage?...

CHŒUR *des Argonautes.*

Déja le bruit des vents & les cris des Nochers
Font gémir l'écho des rochers.

CHŒUR *de Matelots.*

Hélas! sauvez-nous du naufrage,
Ayez pitié de notre fort.

CHŒUR *des Argonautes.*

Que peut ici notre courage,
Pour vous garantir de la mort?

CHŒUR des Matelots.

Hélas ! fauvez-nous du naufrage,
Ayez pitié de notre fort.

(*Le tonnerre gronde avec un bruit épouvantable.*)

CHŒUR général.

Dieux ! la foudre en éclats fe brife fur nos têtes.

JASON.

Le courroux de Médée alluma ces tempêtes.

HIPSIPHILE.

C'eft moi feule, ah ! c'eft moi que pourfuit fa fureur.

JASON.

Chère époufe, calmez une vaine terreur.

(*La tempête continue.*)

HIPSIPHILE.

AIR.

Veux-tu que je meure tranquille ?
Ceffe pour moi de t'affliger ;
Mais promets d'aimer Hipfiphile,
Promets-lui de ne point changer ;

Et

Et fi dans la nuit éternelle
La mort t'appelle auprès de moi,
Viens-y, du moins, viens-y fidelle,
Comme je le ferai pour toi.

CHŒUR de Matelots derriere le Théâtre.

Ciel ! nous périffons dans les feux,
Sans efpoir, au milieu des ondes !

JASON, HIPSIPHILE, les ARGONAUTES.

Qui jamais éprouva des douleurs fi profondes,
Un deftin plus affreux !

CHŒUR des Matelots.

Ciel ! nous périffons dans les feux,
Sans efpoir au milieu des ondes !
(*Les navires embrâfés par la foudre viennent fe bri-
fer contre les rochers.*)

D

SCENE IV.

MÉDÉE, les Acteurs précédens.
MÉDÉE.

CE jour fera marqué par d'horribles forfaits.

JASON.

Eft-ce ainfi qu'à mon fort votre cœur s'intéreffe ?
Etoit-ce là votre promeffe ,
Sont-ce là vos bienfaits ?

MÉDÉE.

Sont-ce là les fermens , traître , que tu m'as faits ?

JASON.

Quels fermens !...

MÉDÉE.

Ah , cruel ! faut-il te les apprendre ?
Quand tes Grecs entraînés par une folle ar eur ,
Dans cette Ifle oferent defcendre ,
Tu me vis , je te plus ; & mon premier malheur
Fut de gagner ton cœur.

HIPSIPHILE.

Non , il n'a point rompu le nœud qui nous raffemble.

MÉDÉE.

Tu jurois que l'hymen nous uniroit ensemble ;
Tu jurois de remplir le plus cher de mes vœux ;
Mais une autre que moi t'inspire d'autres feux ,
Une autre a tes soupirs ; tandis que pour te plaire,
Je t'ai sacrifié ma patrie, & mon pere
Que je prive du trône & peut-être du jour ;
Abominable effet d'un criminel amour !

JASON.

Et c'est moi qui vous rends perfide & criminelle !
Ah , rejettez plutôt une flamme cruelle ;
Et laissant le destin disposer de mes jours ,
Oubliez que je fus l'objet de vos amours.

A I R.

Je suis venu chercher les palmes de la gloire ;
Je veux ne les devoir qu'à l'effort de mon bras,
  Et je méprise une victoire
  Que la valeur ne donne pas.

 Laissez triompher ma vaillance ,
  Ou laissez-moi périr.
(*Aux Argonautes.*)
 Sans son secours, sans sa puissance,
Des Guerriers à la mort ne sauroient-ils courir ?
 (*d* *Médée.*)

D ij

Laiffez triompher ma vaillance,
Ou laiffez-moi périr.

MÉDÉE.

Que je te laiffe en paix ? Qu'après un tel outrage,
Je laiffe ta valeur triompher de ma rage?
Non, non. C'eft moi qui veux me plonger dans ton
    fang,
Et plus terrible encor immoler ma rivale
    Sur ton cœur palpitant.

HIPSIPHILE à part.

Ciel ! détourne de moi fa colere fatale.

TRIO.

MÉDÉE à Hipfiphile.

Oui, ce fer va percer ton fein ;
    Tremble ici pour ta vie.

JASON ET LE CHŒUR, arrêtant Médée.

Tu n'accompliras pas ton coupable deffein.

HIPSIPHILE à Jafon.

Ah ! laiffe-la percer mon fein,
    Et conferve ta vie.

JASON ET LE *CHŒUR*, *arrêtant Médée.*

Tu n'accompliras pas ton coupable deſſein.

<table>
<tr><td align="center">MÉDÉE.</td><td align="center">HIPSIPHILE.</td></tr>
<tr><td>Oui, ce fer va percer ton ſein;
Tremble ici pour ta vie.</td><td>Barbare, viens percer mon ſein,
Satisfaits ton envie.</td></tr>
</table>

MÉDÉE.

Ah ! pour vous plonger tous dans la nuit du trépas,
Que ne vois-je l'enfer s'entr'ouvrir ſous mes pas ?

HIPSIPHILE.

Barbare, viens percer mon ſein,
Satisfaits ton envie.

MÉDÉE.

Oui, ce fer va percer ton ſein;
Tremble ici pour ta vie.

JASON ET LE CHŒUR.

Tu n'accompliras pas ton coupable deſſein.

<table>
<tr><td align="center">MÉDÉE,
à Hipſiphile.</td><td align="center">HIPSIPHILE,
à Jaſon.</td><td align="center">JASON, le CHOEUR,
à Médée.</td></tr>
<tr><td>Oui, ce fer va percer ton ſein.
Tremble ici pour ta vie.</td><td>Ah ! laiſſe-la percer mon ſein
Et conſerve ta vie.</td><td>Barbare, viens percer mon ſein,
Et reſpecte ſa vie.</td></tr>
</table>

MÉDÉE, à Hipſiphile.

Tu n'échapperas point à ma juſte furie.

(Elle ſort.)

SCENE V.

JASON, HIPSIPHILE, LES ARGONAUTES.

HIPSIPHILE.

Qui pourroit réfifter à cet excès d'horreurs ?
De triftefle & d'effroi je fens que je me meurs.

(*Elle s'évanouit.*)

JASON.

AIR.

Ouvrez les yeux à la lumiere,
Objet charmant de mes amours.
O Ciel ! écoute ma priere,
Et prends foin de fes jours.

LE CHŒUR.

O Ciel ! écoute ma priere,
Et prends foin de fes jours.

JASON.

Hipfiphile !

HIPSIPHILE, *revenant à elle.*

Jafon !

J A S O N.

Que votre frayeur ceſſe;
Et vivez, pour jouir de toute ma tendreſſe.
Malgré ce vain tranſport & ce dépit jaloux,
Je ne dois, & ne puis reſpirer que pour vous.

D u o.

H I P S I P H I L E.

Penſe à nos amours, penſe aux peines
Que je ſouffre pour toi.
Mais non ; ton cœur briſe ſes chaînes,
Une autre obtient ta foi.

J A S O N.

Qui pourroit oublier les peines
Que vous ſouffrez pour moi ?
Non, rien ne briſera nos chaînes,
Et vous avez ma foi.

H I P S I P H I L E.	*J A S O N.*
Non, non, ton cœur briſe ſes chaînes,	Non, rien ne briſera nos chaînes,
Une autre obtient ta foi.	Et vous avez ma foi.

H I P S I P H I L E.

Tu devois être ſi fidèle !
Ta bouche me juroit de ſi tendres amours !

Ah , faut-il que je me rappelle
Cet heureux tems de mes beaux jours !

J A S O N.

Ah , je vous fuis toujours fidèle ;
Ah , je vous jure encor les plus tendres amours !

H I P S I P H I L E.	*J A S O N.*
Penfe à nos amours , penfe aux peines	Hélas ! ces amours font les peines
Que je fouffre pour toi ;	Que vous fouffrez pour moi ;
Mais non , ton cœur brife fes chaînes ,	Mais rien ne brifera nos chaînes ,
Une autre obtient ta foi.	Et vous avez ma foi.

Fin du fecond Acte.

ACTE

ACTE TROISIEME.

Le Théâtre repréfente le palais de Médée.

SCENE PREMIERE.

MÉDÉE *feule.*

AIR.

SOLEIL, auteur de la lumiere,
Sur ces climats ne lance plus tes traits.
Fuis, prends une autre carriere,
Pour ne pas voir mes forfaits;
Et fi le Ciel veut des victimes,
Qu'il tonne également fur Iafon & fur moi.
C'eft Iafon qui fait mes crimes,
C'eft lui qui trahit fa foi.

Soleil, auteur, &c.

E

SCENE II.

MÉDÉE, CALCIOPE, *Peuple de Colchos.*

CALCIOPE, *à Médée.*

HÉ bien, va-t-on donner le signal de la guerre ?

MÉDÉE.

Oui. Déja les géans font fortis de la terre ;
Et la lance à la main réunis dans les bois,
Y contemplent le jour pour la premiere fois.

CALCIOPE.

Que deviendra Jafon ?

MÉDÉE.

    Il eft tems qu'il expire.
Achetons par fa mort le falut de l'Empire ;
Et quand ce fer fanglant l'aura privé du jour,
Puiffe le Ciel vengeur m'écrafer à mon tour !

CALCIOPE.

O Médée ! ô ma fœur ! quel funefte langage !
Eft-il donc fi cruel de rompre un efclavage
   Qui fait votre tourment ?

CHŒUR.

Tant de Princes viendront vous offrir leur hommage !
Dans les bras d'un fidel amant,
Oubliez un amant volage.

MÉDÉE.

Et pour qui, jufte Ciel ! puis-je encor m'enflammer,
Et quel moment prend-on pour me parler d'aimer ?

A I R

Ah, ne me parlez plus d'amour & d'efpérance.
Laiffez la vengeance,
La haine & la fureur ;
Laiffez la vengeance
Gouverner mon cœur.
De nos foupirs quelle eft la récompenfe ?
Quels font les fruits de ma premiere ardeur ?
Et fi mon fort finit comme il commence,
Quelle en fera l'horreur ?

Ah, ne me parlez plus, &c.

CALCIOPE.

J'approuve ce courroux ; mais votre ame cruelle
Dans ces fiers fentimens fe confervera-t-elle,
Et ne verra-t-on point votre bras balancer,
En approchant du fein que vous devez percer ?

L E   C H Œ U R.

Ah ! si la pitié vous inspire,
Que ce soit en notre faveur ;
Et ne perdez pas un empire
Dont vous deviendrez la splendeur ;
Et ne perdez pas un empire
    Pour un amant trompeur.

C A L C I O P E.

Quoi ! l'amour vainqueur de la gloire
Vous feroit trahir vos ayeux ?
A l'honneur donnez la victoire,
Comme il convient au sang des Dieux.

L E   C H Œ U R.

Ah ! si la pitié vous inspire,
Que ce soit en notre faveur ;
Et ne perdez pas un empire
    Pour un amant trompeur.

C A L C I O P E, *au peuple.*

Que des jeux innocens, qu'une fête agréable
Occupent ses loisirs   suspendent ses tourmens ;
Et ne la quittons point dans ces cruels momens.
                    (*On danse.*)

MÉDÉE.

C'en est fait! De Jason la troupe infatigable
S'avance vers les murs qui protègent nos bois;
Et je dois arrêter le cours de ses exploits.

CHŒUR.

Ah! si la pitié vous inspire,
Que ce soit en notre faveur;
Et ne perdez pas un empire
Pour un amant trompeur.

SCENE III.

Le Théâtre change, & repréſente une longue avenue d'arbres; à côté eſt l'antre de la Sibile ombragé de rameaux épais.

JASON, HIPSIPHILE, *les* ARGONAUTES.

On voit les Argonautes défiler ſur une marche guerriere, & Jaſon paroît accompagné d'Hip-ſiphile.

J A S O N aux Argonautes.

To u t fléchit ſous l'effort d'un courage intrépide.
Marchons avec audace où le deſtin nous guide.

La marche continue; & Médée, qui arrive à la fin, les obſerve un inſtant.

SCENE IV.

MÉDÉE, LA SIBILE, *Suivantes de la Sibile.*
MÉDÉE feule.

FATALE ambition qui l'entraîne au trépas !
Et toujours Hipfiphile accompagne fes pas !
Malgré tant de fermens .. Ciel ! à quoi me réfoudre ?
Dois-je encor exciter la tempête & la foudre
A gronder dans les Cieux, à mugir fur les mers,
Et d'un nouveau prodige effrayer l'univers ?

  Voici la grotte impénétrable
Qui cache la Sibile aux regards des humains.
Sa voix, en répondant à ma voix formidable,
  Va me dévoiler mes deftins.
  (*S'approchant de l'antre de la Sibile.*)
  Viens, ô Divinité terrible,
Sors de ton antre inacceffible
  A la clarté du jour.
Rends vifible à mes yeux ta préfence invifible,
Et du fort qui m'attend inftruits-moi fans détour.
  Sors de ton antre inacceffible
  A la clarté du jour.
  (*La Sibile paroît avec fes fuivantes.*)

LA SIBILE.

Quel Hymen ! quel Hymen ! & quel funeſte amour !

(*à MÉDÉE.*)

C'eſt le flambeau des Euménides
Qui brillera ſur les autels.
Vous vous enchaînerez par des ſermens perfides
A la face des Immortels.

CHŒUR.

C'eſt le flambeau des Euménides
Qui brillera ſur les autels.

LA SIBILE.

Fuis, dérobe ta tête aux vengeances d'un Père.
Vois-tu le ſang couler ? vois-tu rougir les eaux
Des membres de ton Frère
Déchirés par lambeaux ?

Ta fureur court au loin déſoler les familles.
Dieux ! quel eſt ce Vieillard maſſacré par ſes Filles !
Qui ſont ces Malheureux dans la flamme expirans !
Et quelle horrible ſcène à mes regards s'apprête !
Mère dénaturée, arrête,
Et n'égorge point tes enfans.

(*Elle ſe retire dans ſon antre.*)

SCENE

SCENE V.

MÉDÉE, *Suivantes de la Sibile.*

MÉDÉE.

VA, laisses-moi remplir ma triste destinée.
Puisqu'à tant de forfaits je me vois condamnée,
Mégère, apporte-moi tes feux & tes poisons.
Marchez devant mes pas, meurtres & trahisons.
Je vais… je cours me plonger dans l'abîme
De la mort & du crime.

(*Elle sort.*)

"CHŒUR *des Suivantes de la Sibile.*

O Jason, plût au Ciel que jamais tes vaisseaux
N'eussent porté les Grecs sur l'abîme des eaux !

UNE *VOIX seule.*

Vois Médée incertaine & frémissant de rage
Déja de Tisiphone agiter les flambeaux,
Et pâlir à l'aspect des maux
Où son amour l'engage.

CHŒUR.

O Jason, &c.

F

Premiere VOIX.

Pour tromper les mortels par de brillans prestiges,
Sa bouche invoquera les enfers & les Dieux;
Et l'éclat de ses vains prodiges
Eblouira les yeux.

Seconde VOIX.

Mais après de longues années,
Enfin ses destins passeront;
Et nos îles plus fortunées
D'un jour plus pur se couvriront.

CHŒUR.

Et nos îles, &c.

Premiere VOIX.

L'été brûlant fait gronder le tonnerre,
L'automne voit tomber les fruits;
Et bientôt des frimats qui couronnent la terre
Les rochers sont blanchis.

Seconde VOIX.

Mais quand l'homme sans espérance
S'attriste à l'aspect de ses maux,
Un nouveau printems recommence,
On entend le chant des oiseaux.

CHŒUR.

Un nouveau printems, &c.

Elles rentrent dans leur grotte.

SCENE VI.

Le Théâtre repréſente les murs qui environnent la forêt conſacrée au Dieu Mars, & où la Toiſon d'or eſt ſuſpendue.

MÉDÉE, Combattans *derriere le Théâtre.*

MÉDÉE.

E n f i n de tous les Grecs trompant la vigilance,
J'ai fait ſur Hipſiphile éclatter ma vengeance,
Et ſon ombre plaintive a paſſé chez les morts.
Mais quel ſera le prix de mes fougueux tranſports ?
Étant plus criminelle, en ſuis-je plus heureuſe !
　　　Et par ma trahiſon ,
Qu'ai-je fait, que me rendre encor plus odieuſe
　　　Aux regards de Jaſon !
Hé bien, je vous en fais le cruel ſacrifice,
Impitoyables Dieux ! ordonnez qu'il périſſe ;
　　　Et mon trépas ſuivra le ſien.
Que ton ſort, Hipſiphile, eſt préférable au mien !

A I R.

La triftefſe, la crainte, & la rage inutile,
Les cris, le défefpoir n'approchent plus de toi.
Tu dors dans ton dernier afyle,
Plus heureufe que moi.

De tes maux la courfe eſt remplie,
Tes yeux ne verfent plus de pleurs;
Mais je refpire…. mais je meurs….
Et des bras de la mort je repaſſe à la vie,
Pour y reprendre mes douleurs.

(*Elle s'appuie contre un arbre dans une attitude*
douloureufe. On entend un bruit d'inſtrumens
de guerre qui annoncent le combat.)

Quoi, déja dans les airs la trompette réfonne?

CHŒUR de combattans derriere le Théâtre.

Avançons, combattons & bravons leurs fureurs.

M É D É E.

Ciel! au milieu de tant d'horreurs,
Se peut-il que je l'abandonne?

C H Œ U R, derriere le Théâtre.

Avançons, bravons leurs fureurs;
Combattons pour la gloire:

Au prix de notre fang achetons la victoire.

M É D É E.

Et je puis me réfoudre à le laiffer périr !
Mais mon pere au tombeau... Ciel ! qui vais-je trahir ?
Mon pere ! mon amant !... Amour ! & toi Nature...
Non, il n'eft rien d'égal aux peines que j'endure,
Et le cri de la mort retentit dans mon cœur.

J A S O N, *derriere le Théâtre.*

Redoublez vos efforts, fecondez ma valeur :
Au prix de notre fang achetons la victoire.

C H Œ U R, *derriere le Théâtre.*

Redoublons nos efforts, combattons pour la gloire.

M É D É E.

Il m'appelle.... C'eft lui !... Tombez, murs odieux,
Et je cours le fauver, ou mourir à fes yeux.

(*Les murailles fe renverfent. On découvre la forêt,*
& le combat des Argonautes. Médée s'avance
avec fureur au milieu des combattans.)

SCENE VII.

MÉDÉE, JASON, les ARGONAUTES;
Combattans fortis de la terre.

CHŒUR des Argonautes.

Surmontons les dangers de cette affreuse guerre,
Triomphons, ou périffons tous.

MÉDÉE, aux combattans fortis de la terre.

Tournez vos armes contre vous ;
Fiers Enfans de la terre,
Expirez fous vos coups.

*Les Géants ceffent de combattre les Argonautes,
& tournent leurs armes les uns contre les autres.
Jafon, à la tête des fiens, s'enfonce dans la forêt ;
Médée le fuit, & le combat continue entre les Geans
qui fe défont mutuellement.*

SCENE DERNIERE.

MÉDÉE, JASON, LES ARGONAUTES.

MÉDÉE, *seule.*

Tout obstacle est détruit. Morphée, à ma priere,
Du Dragon vigilant a fermé la paupiere,
Et les Grecs sont vainqueurs. Plaise au ciel que ce jour
Si propice à Jason, le soit à mon amour !

JASON, *& le* CHŒUR *des Argonautes derriere le Théâtre.*

Quel triomphe ! quelle allégresse !
Quel brillant amas de lauriers !

(*Ils traversent le Théâtre.*)

Allons dans les murs de la Grece,
Célébrer nos exploits guerriers.

MÉDÉE, *à Jason.*

Et tu pars sans Médée, ingrat ! qu'oses-tu faire ?

JASON, *à part.*

Ciel, faut-il dans son sang éteindre ma colere !

MÉDÉE.

Vois tous ces Guerriers morts fur la terre étendus.
Sans moi, fans mon fecours, qui les auroit vaincus ?
J'ai rempli ton efpoir, viens remplir ta promeffe.

JASON.

Barbare, que veux-tu ?

MÉDÉE.

Tu fais où ma tendreffe
Afpire après tant de bienfaits.

JASON.

Moi, recevoir ta main, partager tes forfaits ?
(*Avec les Argonautes.*)
Monftre horrible à nos yeux, porte ailleurs ta furie,
Tes amours & tes attentats.
Porte ailleurs ta furie,
Et ne m'approche pas.

MÉDÉE.

Ah, cruel! ôte-moi la vie,
Ou laiffes-moi fuivre tes pas.

JASON, les Argonautes.	*MÉDÉE.*
Va porter ailleurs ta furie,	Ah, cruel ! ôte-moi la vie ;
Tes amours & tes attentats.	Ou laiffes-moi fuivre tes pas.

JASON.

JASON.	*MÉDÉE.*
'Ayant affaffiné mon époufe en mes bras ,	
Ayant trahi tes Dieux, ton pere & ta patrie ,	Ayant trahi pour toi mon pere & ma patrie ,

JASON.

Qui t'amene encor fur mes pas ?

MÉDÉE.

Où veux-tu que je fuie,
Si ce n'eft dans tes bras ?

JASON, les Argonautes.	*MÉDÉE.*
Vas porter ailleurs ta furie ,	Ah, cruel ! ôte-moi la vie ,
Tes amours & tes attentats.	Ou laiffes-moi fuivre tes pas.
Vas porter ailleurs ta furie ,	Où veux-tu que je fuie ,
Et ne m'approche pas.	Si ce n'eft dans tes bras ?

(Les Argonautes partent.)

MÉDÉE, *feule.*

Voilà donc le deffein que cachoit le perfide !
O ciel ! Et que devient mon audace intrépide ?
Ne puis-je pas m'ouvrir un chemin dans les airs,
Et la foudre à la main le fuivre fur les mers ?
Allons, fuyons les lieux qui m'ont vu naître,
Fuyons, n'importe en quels climats ;
Et portons avec nous la guerre & les combats,
La vengeance & la mort, & des malheurs peut-être
Plus terribles que le trépas.

(Elle s'envole dans fon char.)

F I N.